AF331575

L 27n
0354

ÉLOGE

DE

M. BARTH

PAR

M. le docteur E. DECAISNE

Secrétaire général adjoint de la Société française de Tempérance

Lauréat de l'Institut

PARIS

IMPRIMERIE DE E. DONNAUD

1, RUE CASSETTE, 1.

—

1878

ÉLOGE DE M. BARTH

Messieurs,

En venant au nom de la *Société française de Tempérance*, rendre en quelques mots un douloureux et bien faible hommage à la mémoire de M. Barth, je sens bien qu'il faudrait une autre autorité que la mienne pour faire revivre dignement devant vous cette grande figure. Aussi c'est surtout dans mon cœur cruellement éprouvé que je chercherai ce que j'ai à vous dire de mon maître vénéré et bien-aimé.

Un autre de nos maîtres, Cruveilhier, a dit : « Le médecin doit être homme de science et honnête homme ; la science lui fournit les matériaux, les qualités morales en règlent l'emploi et seules peuvent lui donner l'élévation de caractère et l'énergie dont il a souvent besoin dans l'exercice de son art. »

J'en appelle à tous ceux qui ont connu M. Barth, ce portrait du vrai médecin, personne l'a-t-il jamais mieux réalisé que le grand praticien, le grand homme de bien que la science et la profession médicale viennent de perdre.

M. Barth qui est mort il y a quelques jours, à l'âge de soixante-douze ans, emporté par une maladie contractée dans le climat de Rome, était né à Sarreguemines (Moselle). Il avait été nommé interne des hôpitaux de Paris au concours de 1831, le premier sur la liste. Rappellerai-je en passant qu'à quarante ans de distance, son fils, un fils digne de lui, a renoué par un même succès dans le concours de l'Internat, la tradition paternelle. M. Barth obtint le premier prix au concours général des hôpitaux pour l'année 1835. Reçu docteur en médecine en 1837, la même année, il fut nommé chef de clinique de la Faculté. Au concours de 1838 il conquit le titre d'agrégé. En 1839, il devint préparateur d'anatomie pathologique au musée Dupuytren, et l'année suivante, médecin du bureau central des hôpitaux, après un brillant concours où il obtint la première place à l'unanimité des suffrages. Il fut successivement médecin de la Salpêtrière, de l'hôpital Saint-Antoine, de l'hôpital Beaujon et de l'Hôtel-Dieu. Il avait été président de l'Académie de médecine, commandeur de la Légion d'honneur et élu la même année, par l'Académie, membre du Conseil supérieur de l'instruction publique. Pendant toute sa carrière médicale, il n'a cessé de faire, soit à l'amphithéâtre, soit au lit des malades, des leçons théoriques et des conférences pratiques dans lesquelles il s'est efforcé d'enseigner et de vulgariser la science de l'auscultation, science toute française, créée par le génie de Laënnec et qui constitue, dans l'histoire de la médecine, la plus belle, la plus utile des découvertes modernes.

« Sa supériorité, comme l'a dit son fidèle et constant ami, M. Henri Roger, il la devait aux qualités de son esprit et de son caractère : droiture de l'intelligence, ardeur et ténacité au travail, dévotion au devoir, compassion aux malades, et ces qualités mêmes firent de ses maîtres ses amis. Ces maîtres, il semble qu'ils avaient été faits pour lui, autant que lui pour eux. En chirurgie, ce fut Lisfranc, l'opérateur à la précision géométrique ; en médecine, Louis, l'esclave des faits observés dont la devise était : « Regarder comme faux ce qui n'est pas vraisemblable, » Chomel, le clinicien magistral, que

Trousseau ne surpassa point. C'est dans leur fréquentation que se développèrent les qualités innées de M. Barth, la rigueur dans l'observation, la méthode, la logique, la puissance dans la déduction.

...La caractéristique de l'enseignement de M. Barth, c'était la rigoureuse application au diagnostic et à la prognose des données anatomiques; c'était la clinique éclairée par l'ouverture des corps; c'était une méditation sur la vie comme sur la mort, puisque dans les lésions cadavériques, le clinicien thérapeute recherchait surtout, pour les imiter, si c'était au pouvoir de l'art, les procédés que la nature emploie pour la guérison. C'est ainsi que les créateurs de l'anatomie pathologique en France, Dupuytren, Laënnec, Cruveilhier, en avaient compris l'étude et M. Barth n'aurait pas été à l'École de Paris, leur indigne successeur. »

Tout récemment encore ne l'avons-nous pas vu avec toute l'ardeur de ses jeunes années, rétablir et présider, sous le nom de *Société clinique*, l'ancienne *Société d'Émulation* qui a pour but de ramener aux saines et sévères doctrines de l'observation, les médecins et les jeunes internes de nos hôpitaux, en leur rappelant que les nombreux et nouveaux procédés d'exploration, dont la science médicale contemporaine a le juste droit d'être fière, si précieux, si utiles qu'ils soient, ne doivent être considérés au lit du malade que comme de simples *servants*, selon l'expression de M. Barth lui-même.

M. Barth a lu aux Sociétés savantes et publié dans les principaux recueils scientifiques un grand nombre de monographies, de mémoires et d'observations cliniques, sur toutes sortes de sujets. Parmi ses nombreux travaux, nous citerons, en particulier, le *Traité pratique d'auscultation*, publié avec M. Henri Roger. Ce livre, arrivé aujourd'hui à sa huitième édition, a été traduit dès son apparition dans presque toutes les langues de l'Europe.

Mais c'est surtout comme praticien et comme médecin consultant que M. Barth a acquis cette grande renommée, qui en fait un des maîtres de la science de notre temps. De toutes les parties de la France et même de l'étranger, on avait recours à ses lumières et à sa vaste expérience. Il était devenu l'ami et le confident le plus intime de la plupart des familles de la haute société parisienne. Il était le médecin et l'ami de M. Thiers et le célèbre homme d'État savait apprécier, en même temps que ses soins dévoués, son grand caractère. Sa haute probité, non moins que sa science, lui avait conquis parmi ses confrères une autorité incontestable. Il faut dire aussi que personne n'avait plus que lui le soin jaloux de la dignité de la profession. Qu'il me suffise de citer le fait suivant à l'appui de ce que j'avance.

Un médecin, que j'ai toutes sortes de bonnes raisons pour connaître intimement, avait été chargé, pendant son absence, de visiter un de ses clients atteint d'une affection grave. La famille, inquiète, proposa au remplaçant de M. Barth, d'appeler en consultation un de ces spécialistes, pirates de la profession, guérisseurs de maux incurables, qui fatiguent la presse à répéter leur nom et dont les petites brochures proclament chaque jour *urbi et orbi* les cures merveilleuses inventées dans le silence malhonnête du cabinet. Le médecin accepta une consultation qu'il désirait lui-même, mais en repoussant l'étrange confrère qu'on voulait lui adjoindre. La famille insistait et, trouvant le refus tout à fait *original*, en informa M. Barth qui répondit par ces simples mots : « Monsieur, si vous avez des devoirs à remplir envers votre cher malade, nous en avons d'autres envers notre profession, dont nous devons sauvegarder l'honneur et la dignité. Cette *originalité* de mon confrère dont vous me parlez est la mienne, et si vous croyez devoir persister dans votre résolution, nous nous verrons forcés, mon confrère et moi de nous retirer. » La consultation n'eût pas lieu et le malade, après sa guérison, racontait avec émotion l'acte honnête du grand praticien qui, comme Guy Patin, savait se souvenir qu'il avait l'*honneur* et le *bonheur* d'être médecin, disant volontiers que les gens de notre profession, comme la femme de César, ne doivent même pas être soupçonnés.

Il avait le cœur aussi bon qu'il avait l'âme fière, et, si je ne craignais d'offenser cette chère mémoire, que d'actions charitables je pourrais citer de lui, accomplies dans l'ombre et dont j'avais l'honneur d'être le confident !

Un seul fait, que je ne puis m'empêcher de raconter, montrera quel soutien les pauvres gens ont perdu dans cet homme excellent.

C'était après la Commune ; je lui avais signalé une famille d'ouvriers du faubourg du Temple, composée de la femme et de quatre enfants, dont le chef, compromis dans l'insurrection, était en ce moment sous les verrous. Il y avait trois malades dans cette pauvre maison. Le tableau que je fis à M. Barth de la misère de ces victimes innocentes de la guerre civile l'émut profondément, et il me demanda de l'accompagner dans la visite qu'il leur fit. Je le vois encore prenant les mains de la pauvre femme, caressant les enfants, séchant leurs larmes et trouvant pour chacun un mot d'encouragement, ramenant enfin l'espérance dans ces cœurs ulcérés par la misère et le désespoir. Il retourna au faubourg du Temple quatre ou cinq fois à mon insu. Bref, il fit si bien qu'il plaça en apprentissage deux des enfants et qu'il réussit à faire sortir de prison le mari répentant et corrigé pour toujours.

M. Barth s'était si bien caché, que lorsque je revis ses protégés : — Ah ! Monsieur, me dit le mari, combien nous vous remercions de nous avoir amené ce bon monsieur du bureau de bienfaisance qui nous a tous sauvés.

J'ai reçu ce matin même une lettre d'une cliente de M. Barth, d'une femme qui porte dignement un des plus grands noms de France. Je voudrais pouvoir vous la lire ici. Vous verriez quelles sympathies, quelle admiration notre collègue avait su inspirer partout, et dans quels termes émus on y raconte quelques-uns des traits touchants de cette grande âme, de ce cœur si généreux.

Tous ses amis savent à quel degré les horreurs de l'invasion et les malheurs de la France avaient profondément touché le cœur ardent et patriotique de ce digne fils de notre pauvre Lorraine, et nous nous rappelons avec quelle énergie il flétrissait ceux qui lui paraissaient tièdes devant les dangers de la patrie, cherchant en toute occasion à relever les courages abattus et prêchant partout la confiance et l'espérance.

Pendant le siége de Paris et pendant la Commune, il avait vu dans tout leur jour les progrès effrayants de l'ivrognerie ; il avait assisté comme nous, la honte et la rage dans le cœur, à ces saturnales monstrueuses et immondes faites de sang, de boue et d'alcool, et éclairées à la dernière heure par les lueurs sinistres de l'incendie qui n'avait pas épargné sa maison. Il avait compris comme nous tous ici, que cette question de l'alcoolisme intéresse au premier chef l'avenir de nos populations, et son patriotisme lui avait démontré qu'il fallait s'en préoccuper, si l'on voulait que la France ne descendît pas du rang qu'elle a le droit, malgré ses désastres et ses malheurs, d'occuper parmi les nations. Aussi vous vous rappelez avec quelle ardeur il adopta l'idée de la fondation de notre société, et notre secrétaire général, M. Lunier, pour qui M. Barth avait tant d'estime et d'affection, pourrait vous dire mieux que moi tout ce qu'il fit pour l'organiser et les secours de toute sorte qu'il lui apporta.

Medicus sit christianus. Le médecin doit être chrétien, a dit Hoffmann. A toutes ses autres grandes qualités, M. Barth joignait une foi vive et sincère, on ne s'étonnera donc pas, si je dis qu'il exerçait partout et toujours la médecine suivant la lettre de l'Evangile, et dans l'esprit de la charité chrétienne.

Aussi l'on comprend facilement que « quand vint la mort, toute la troupe sacrée des vertus qui veillait pour ainsi dire autour de lui, comme dit Bossuet, en avait banni les frayeurs ». Calme, vaillant et résigné, M. Barth est mort bravement et chrétiennement entre les bras de sa femme et de ses enfants, entouré jusqu'au dernier moment des soins affectueux et dévoués de trois de nos collègues, MM. Henri Roger, Noël Gueneau de Mussy et Fauvel, trois hommes qui comme lui sont la gloire de notre profession, tous trois dignes de cette grande amitié, dont le doux souvenir inspirait l'autre jour à M. Henri Roger, devant l'Académie de médecine, ces touchantes paroles toutes pleines de larmes :

« L'Académie perd dans M. Barth une de ses illustrations les plus pures, et moi l'affectueux compagnon de ma vie, le guide et le modèle de mes actions, mon collaborateur précieux et fidèle et tellement ami, que trente-sept ans années de collaboration médicale n'ont pu altérer notre union. Je perds enfin celui que je me plaisais à appeler la moitié de moi-même (*dimidium mei*) et assurément la meilleure. Du commencement au terme de la carrière nous avons marché fraternellement ; lorsque mêmes succès, mêmes bonheurs nous échurent (chacun à notre tour), la joie de l'un se doublait toujours de la joie de l'autre. Ainsi (comme disait Montaigne de son ami Etienne de la Boëtie) nos cœurs et nos esprits « ont charrié uniment ensemble » ; ainsi s'est « acheminée l'amitié que nous avons nourrie entre nous si entière et si parfaite » pendant près d'un demi-siècle. Cette amitié solide, sa voix de mourant me l'affirmait encore ; elle ne s'est éteinte que sous le souffle de la mort ; et voici que de cette longue accointance, de ces bonheurs semblables, de ces travaux communs qui avaient rendu nos deux noms inséparables, il ne me reste plus que le souvenir; et je répète la plainte du poëte latin : « O frère qui m'es enlevé, avec toi périssent nos joies et nos études et toutes les délices de l'âme. »

M. Barth s'est éteint consolé et fortifié par les espérances éternelles et plein de confiance dans la justice et les promesses de Celui qui tiendra compte d'un verre d'eau donné en son nom.

Dʳ E. Decaisne.

Paris. — Imprimerie de E. Donnaud, rue Cassette, 1.

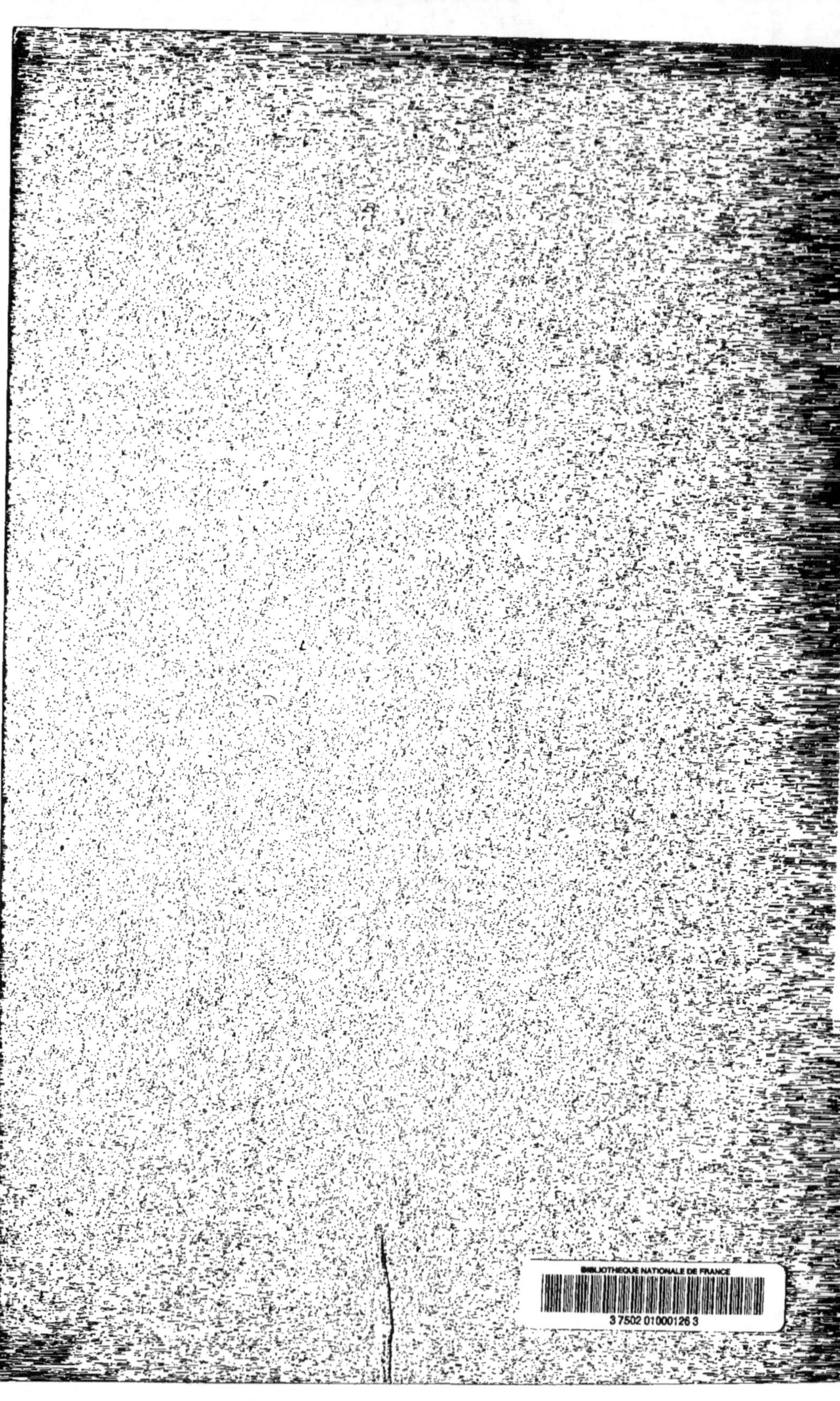

* 9 7 8 2 0 1 4 4 4 0 6 4 5 *